DE LA CHARTE

CONSTITUTIONNELLE,

PAR M^r. G. DESPRADES.

A PARIS,

CHEZ MICHAUD FRÈRES, LIBRAIRES,

RUE DES BONS-ENFANTS, N°. 34.

DE L'IMPRIMERIE DE L. G. MICHAUD,

IMPRIMEUR DU ROI.

———

M. DCCC. XIV.

DE LA CHARTE

CONSTITUTIONNELLE.

La Charte constitutionnelle que le Roi vient de donner volontairement et librement à son peuple, est un des monuments les plus solennels et les plus augustes du progrès des lumières de notre siècle ; elle sera désormais regardée comme le type de la civilisation des peuples et de la sagesse des Rois. Qu'une nation long-temps opprimée secoue le joug d'un tyran et se donne elle-même un gouvernement à son gré, c'est sans doute une leçon terrible pour les Rois, mais ce n'en est pas moins une expérience funeste pour les peuples et une espèce de scandale politique qui afflige également tous les amis des principes et de l'ordre. En effet la licence et l'anarchie ne tardent pas à s'établir à la place de la liberté, et les excès ramènent bientôt la tyrannie qu'on avait voulu détruire ; que d'un autre côté un Roi se trouve dans une telle position qu'il soit obligé de recevoir la loi des peuples qu'il gouverne ; qu'on lui arrache par la violence des concessions de priviléges ou de droits qui n'appartiennent pas essentiellement au peuple ; ces concessions forcées ne lui paraîtront, ainsi qu'à ses successeurs, qu'une véritable usurpation contre laquélle l'autorité qu'on lui aura laissée agira sans cesse jusqu'à ce que lui-même ait recouvré tous les droits qu'il avait perdus ; et comme ses efforts doivent s'accroître en proportion de la résistance, et qu'il n'est pas toujours facile d'en peser et d'en mesurer les résultats, il s'ensuit que lui-même peut passer les bornes et être conduit presque sans le vouloir au despotisme et au pouvoir absolu.

La déclaration du Roi dans la séance royale du 4 juin et la Charte constitutionnelle qu'il accorde librement à la France préviennent également ces inconvénients et ces dangers. Il est à remarquer que le Roi, par un de ces actes de haute sagesse par lesquels il n'a cessé de signaler tous les jours de son règne, a voulu qu'il fût bien connu de toute la France et de l'Europe entière, qu'il n'agissait sous l'influence d'aucune force étrangère à lui-même ; il a voulu que les troupes des alliés et ses propres armées fussent également loin de sa capitale, où devait avoir lieu cette grande solennité, et n'être entouré que de son peuple pour que ses augustes déterminations ne pussent dans aucun temps être accusées d'avoir manqué de liberté. Il a voulu faire connaître les motifs qui le portaient à faire l'abandon d'une portion de ses prérogatives royales en faveur de ses sujets, éclairés désormais par leurs propres malheurs; il a concilié les principes avec le vœu de ses peuples, les institutions anciennes avec les institutions modernes, les intérêts de chacun avec les intérêts de tous. Après avoir rétabli la nation française dans le rang qu'elle occupait autrefois parmi les nations de l'Europe, par une paix honorable et certainement plus avantageuse qu'elle n'était en droit de l'espérer dans la position très extraordinaire à laquelle elle avait été réduite; après avoir sauvé l'honneur français il va s'occuper désormais de rendre le peuple français aussi heureux qu'il peut l'être sous le meilleur gouvernement que le Ciel ait pu lui destiner.

J'avais annoncé, dès les premiers jours de l'arrivée de Louis XVIII au milieu de nous, dans un écrit intitulé *de la Constitution qui convient au peuple français*, que le Roi nous donnerait une constitution paternelle, par laquelle toutes nos affaires désormais seraient réglées en famille; je ne connaissais alors ses intentions augustes que par sa réputation de haute sagesse, de modération et de justice qui l'avait précédé, et par ses lumières d'un ordre supérieur qui avaient commandé l'admiration des divers peuples chez lesquels les circonstances l'avaient forcé de chercher un asile; j'avais dit à la grande famille qu'elle allait être enfin gouvernée par un père et non par un simple mandataire d'une autorité précaire et incertaine créée par des mercenaires ou par une multitude égarée et factieuse. J'avais cherché à réveiller des sentiments autrefois gravés dans tous les cœurs, mais que vingt-cinq ans de trouble, de désordre et d'oppression avaient comprimés et presque anéantis. Cette loi si simple et si naturelle d'un gouvernement paternel pour les grandes familles comme pour les petites, principe fécond de tout ordre social et d'où découlent tous les droits et tous les devoirs des sujets, envers le prince et des princes envers les sujets, avait été méconnue; on y avait substitué les orgueilleuses théories de quelques esprits abstraits qui n'avaient voulu que flatter nos passions ou égarer notre raison. Il nous fallait une funeste expérience, et des essais de tout genre en politique comme en morale, pour ramener à des idées justes et raisonnables. Elle sera pour jamais effacée du livre des vérités pratiques, cette prétendue maxime de la souveraineté du peuple, source intarissable de malheurs et de crimes. Si le prince attentif à prévenir les moindres désirs de ses peuples, et jaloux d'asseoir leur bonheur sur des bases immuables de justice et d'amour, leur accorde une charte constitutionnelle qui confirme et étende leurs priviléges en qualité d'enfants d'une même famille dont il est le père, s'il fait lui-même, pour calmer leurs inquiétudes et dissiper l'erreur où les a plongés une longue suite d'infortunes, une déclaration solennelle des principes d'après lesquels il veut les gouverner, il ne faut pas en induire qu'il reconnaît par-là une convention sociale préexistente dont le principe soit un prétendu droit des peuples, d'imposer des lois à leur souverain avant de le proclamer et de lui obéir. Sans doute, il est instruit qu'il ne lui est pas permis d'opprimer ses sujets, de les avilir, de disposer de leurs personnes, et de leurs propriétés comme s'ils étaient ses esclaves; il le sait, non parce qu'un pacte social le lui défend, mais parce qu'une loi plus ancienne, plus sacrée pour lui, ordonne à un père d'aimer ses enfants et de les protéger. Privé pendant long-temps du bonheur de vivre au milieu d'eux, il leur a rapporté le fruit de ses longues méditations, de ses savantes études sur l'art profond de gouverner; il a vu les peuples et les Rois de tous les états de l'europe; il est initié dans tous les mystéres des législations tant anciennes que modernes; il connaît le caractère et les mœurs

des français; il sait distinguer les nuances d'autorité et de condescendance dont il convient
d'user envers un peuple généreux et aimant, mais
fier et sensible. Il vient de donner à ce peuple
le meilleur gouvernement qu'il puisse supporter,
ne craignons pas qu'aucun de ses successeurs
ose toucher à son ouvrage; il passera d'âge en
âge comme un monument immortel de raison,
de sagesse et d'amour, comme un legs précieux
qu'une génération éclairée par ses malheurs,
transmettra avec respect aux générations à venir.
Ah! sans doute, tous les Rois qui règneront un
jour sur la France y verront le gage d'une ré-
conciliation sincère entre le peuple français et
son Roi, et les peuples y trouveront les motifs
de leur confiance et le principe de leur bonheur.

Vous qui n'avez pas connu et qui ne pouvez
peut-être encore vous imaginer tout ce qu'on est
en droit d'attendre d'un souverain père de ses sujets, Français de tous les états et de toutes les
classes; jeunes gens qui n'avez pas reçu, comme
vos pères, ces premières impressions de respect
et d'amour qu'ils éprouvaient à la vue de leurs
augustes souverains, demandez – leur de quel
principe naissait leur confiance dans leur justice
et leur bonté! Plusieurs d'entre vous ont été éle-
vés dans la haine des Rois; quelques-uns peuvent
avoir été séduits par des idées chimériques d'indé-

pendance et de liberté ; le plus grand nombre n'a connu que le despotisme et la cruauté de l'usurpateur qui fit de vous les instruments de son ambition et de sa tyrannie. Vous ne savez pas en quoi consistent les priviléges et les droits de la royauté en France, ceux de rendre les peuples heureux sous un gouvernement paternel. Cette longue tradition de principes, de sentiments et de devoirs, qui se transmettait et se perpétuait dans tous les cœurs français, depuis l'origine de la monarchie, soit parmi les souverains, soit parmi les sujets, n'a pu arriver jusqu'à vous ; le fil en a été malheureusement interrompu pour la génération présente, lorsqu'elle était encore dans son berceau. De faux principes, une éducation long-temps négligée, empêchent peut-être encore la lumière de la vérité de pénétrer jusqu'à vous ; mais bientôt l'habitude des rapports de famille qui viennent de se rétablir entre les Français et leur Prince, les communications loyales et franches qui vont désormais régner entre un souverain ami de la justice et de l'ordre, et son peuple fidèle, le retour des principes invariables de la religion, de la morale, de la fidélité et de l'honneur, ne tarderont pas à vous détromper entièrement des faux systêmes qui vous avaient fait illusion. Déjà vous vous pressez sur les pas de votre Souverain, pour le voir, pour l'entendre, pour contempler dans son éclat doux et pur la touchante majesté de ses traits augustes ; vous éprouvez en sa présence des mouvements qui vous étaient inconnus, et vous mêlez spontanément et sans réflexion vos voix à celles de ces vieux amis du Roi, qui retrouvent au fond de leurs cœurs leurs anciennes émotions comme leurs sentiments ; vous serez bientôt d'aussi fidèles serviteurs du Roi que l'étaient vos pères.

Et vous que la patrie avait chargés de sa défense, et qui vous êtes acquittés de ce devoir avec tant d'honneur et de gloire ; vous êtes appelés maintenant à protéger et à faire fleurir l'olivier de la paix, à l'ombre des lauriers que vous avez moissonnés dans les champs de la victoire. Comment un sentiment unanime ne vous réunirait-il pas tous autour de ce Roi redevenu en peu de jours l'idole de son peuple, et dans la personne duquel se confondent aujourd'hui la patrie et l'honneur ; vous allez jouir d'un repos honorable, acheté au prix de votre sang, vous allez goûter les douceurs de cette paix que votre valeur a conquise tant de fois, mais qui ne pouvait être accordée qu'aux vertus royales, à l'esprit de modération et de justice d'un souverain légitime, d'un héritier de nos anciens Rois. Vous avez fait jusqu'ici de grands sacrifices à la patrie ; elle vous en demande un plus grand encore aujourd'hui, celui

de votre généreuse et brillante ardeur, de ce be-
soin de gloire qui vous tourmente et que vous de-
vez modérer, lorsque tout est rentré dans l'ordre.
Vous surtout, jeunes héros dont la carrière a été
si glorieusement remplie dans un petit nombre
d'années, et qui ne témoignez d'autre regret que
de vous voir arrêtés au milieu de votre course
belliqueuse ; attendez avec calme que la patrie
redemande le secours de votre bras vainqueur.
Le caractère sacré de l'honneur et de la gloire
n'est-il pas déjà gravé en traits ineffaçables sur
vos fronts jeunes encore, comme sur ceux des
vieux guerriers; et la patrie ne vous a-t-elle pas
déjà témoigné, par l'organe de votre Roi, juste
appréciateur de toute espèce de mérite, sa recon-
naissance et son admiration? Que pouvez-vous
avoir encore à regretter, et comment ne mêleriez-
vous pas vos chants d'amour aux cris d'alégresse
de la France entière?

Magistrats vertueux, qui gémissiez dans le si-
lence, de ne pouvoir faire entendre dans toutes
les occasions la voix indépendante de la justice,
au milieu des terreurs dont la licence ou la tyrannie a cherché dans divers temps à vous envi-
ronner; qui vous êtes peut-être plus d'une fois
trouvés contraints de rendre des arrêts injustes,
d'après des lois plus injustes encore, et trop sou-
vent cruelles et sanguinaires; rassurez-vous, des
insinuations et des menaces, ne viendront plus

gêner la liberté de vos suffrages et de vos principes; vous ne prononcerez plus que d'après des
lois douces et protectrices de chacun. Le temps
des spoliations et des violences est passé; il ne re-
naîtra plus dans notre France, rendue enfin à
elle-même, à ses sentiments et à ses vertus. Vous
allez reprendre votre ancienne considération,
et rendre à la magistrature son ancien lustre.

Et vous, portion intéressante du peuple français, hommes laborieux de toutes les classes et
de toutes les professions, qui vivifiez l'État par vos
travaux utiles; vivez heureux dans vos demeures
paisibles; ne craignez plus qu'on vienne, au nom
d'un gouvernement oppresseur, vous enlever à
vos ateliers et à vos champs, rendre vos femmes
veuves avant le temps, et vos enfants orphelins;
ne craignez plus qu'on vienne arracher vos fils
des bras de leurs mères, enlever vos troupeaux,
ravager vos moissons, et vous priver, par la violence, du prix de vos sueurs. Vous avez un maître
juste et bon, dans votre Roi légitime, et son pre-
mier soin sera de vous protéger. A l'abri de son
autorité tutélaire, vos familles prospéreront, vos
héritages s'agrandiront, et vous seront assurés;
votre travail aura sa récompense; le négociant
suivra le cours de ses spéculations et de son com-
merce, et ne verra plus sa fortune renversée par
des évènements inattendus, placés hors de la

sphère de toute combinaison humaine, et entièrement dépendants des caprices et des projets
insensés d'un étranger qui n'avait rien de français. Le crédit public et particulier se rétablira ,
et l'antique probité reprendra tous ses droits.

Ecrivains et discoureurs politiques, laissez re-
poser vos systêmes et vos discussions dangereuses;
anciens représentants des assemblées consti-
tuantes et nationales, sous quelques titres qu'elles
aient existé , vous tous qui avez essayé d'établir
le bonheur public sur des institutions étrangères
à l'esprit et au caractère français, et plus ou
moins contraires au pouvoir royal ; laissez agir ce
pouvoir tutélaire , qui n'existe que pour l'intérêt
des peuples, et duquel on pourrait dire avec vérité ce que Voltaire disait de Dieu lui-même , que
s'il n'existait pas il faudrait l'inventer. Vos ex-
périences malheureuses ont dû vous convaincre
de l'inutilité et des dangers de toutes ces funestes
innovations qui portent atteinte à l'autorité
royale, toutes les fois que, de lui-même et de son
propre mouvement, le Roi ne juge pas dans sa sagesse qu'elles sont devenues nécessaires, et qu'il
convient d'en faire une loi constitutionnelle de
l'Etat. Le roi a rendu justice à vos intentions et
pardonné à vos erreurs ; il investit encore un
grand nombre d'entre vous de sa confiance, et les
appelle à le seconder dans ses vues de bien public.

Associés en quelque sorte à son pouvoir auguste, et placés près de lui comme des intermédiaires nécessaires qui le rapprochent de son peuple, vous ne trahirez pas l'espoir de la nation et la confiance de votre souverain; vous étoufferez dès leur naissance, loin de les féconder par vos discussions, tous les germes de mécontentement et de discorde qui pourraient naître entre les sujets et leur Prince; vous porterez au pied du trône les vœux soumis et respectueux des peuples, et ces peuples apprendront de vous comment ils doivent aimer et servir leur Roi. Pleins de confiance dans votre sagesse et dans vos lumières, ils se reposeront sur vous du soin de défendre leurs intérêts, et ne prendront part désormais aux discussions politiques que pour en connaître les résultats. La grande famille est maintenant organisée, le Roi en est le chef et le père, et vous êtes auprès de lui nos mandataires et nos représentants; chacun de nous va reprendre le cours de ses affaires personnelles, et vous laisser exercer sans désordre et sans trouble, les nobles fonctions de seconder le Roi dans le gouvernement de l'État.

FIN.